AF232010

SYSTÈME

DE

MUSIQUE STÉNOGRAPHIQUE

Par E. T. VIDAL,

Auteur de *la Sténographie verticale*,

Et membre de la Société des Sciences, Belles-Lettres et Arts

du département du Var.

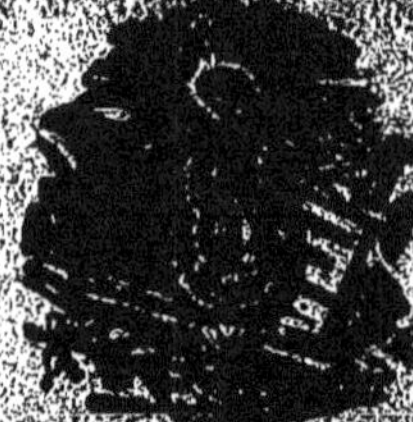

TOULON,

IMPRIMERIE DE J. B. BAUME,

PLACE D'ARMES.

1834

semblable à la sérinette qui joue exactement sans savoir pourquoi, il aura noté juste sans pouvoir s'en rendre raison ; mais praticien d'abord, il deviendra, avec un peu d'étude, théoricien intelligent. Notez que la musique étant aussi inséparable de la sténographie, dans ce système, que l'eau d'une rivière l'est de celle d'une autre rivière avec laquelle elle s'est mêlée, l'on ne peut devenir musicien sans devenir aussi habile sténographe. Cet accessoire vaut bien le principal.

J'ignore quel sera le premier jugement du public sur la musique sténographique ; quant à moi qui l'ai inventée, je l'ai méditée assez long-temps pour en apprécier l'importance, et je puis préjuger les succès que l'avenir lui prépare.

SYSTÈME

DE

MUSIQUE STÉNOGRAPHIQUE.

Par E. T. T. VIDAL,

Auteur de *la Sténographie verticale*,
Et membre de la Société des Sciences, Belles-Lettres et Arts
du département du Var.

L'écriture fixe la pensée, et la rend sensible aux yeux ; elle sert de moyen de communication à des distances éloignées ; elle perpétue le souvenir des temps passés et assure une existence impérissable aux chefs-d'œuvre des sciences et des lettres. Lorsque l'écriture se forme avec des caractères qui permettent à l'écrivain de suivre la parole, elle prend le nom de sténographie. Or, l'application de la sténographie à la musique est une idée nouvelle, qui doit avoir une immense influence sur les progrès d'un art qu'on n'a pas toujours apprécié à sa juste valeur. L'enseignement de cet art n'a pas encore été perfectionné à raison de son importance. Jetons un coup d'œil sur les causes qui l'on rendu et si laborieux et si lent.

Tout art n'est que l'application des principes d'une science. La science est le flambeau de l'art et les progrès de celui-ci sont toujours subordonnés au développement, à la déduction des principes, sans qu'ils puissent les devancer.

Mais les principes ou élémens des sciences ont besoin d'être constatés par des mots, soit pour en conserver le souvenir, soit pour les rappeler à l'esprit, lorsqu'il s'agit de les appliquer ; car ce sont uniquement les mots des sciences qui les constituent ce qu'elles sont, ce qui rend essentiel pour chacune d'elles cette nomenclature de termes techniques qui forme leur vocabulaire particulier. De là cette foule de dictionnaires sur l'histoire naturelle, la physique, la chimie, la médecine, la géographie, etc., lesquels réunis ensemble forment ce qu'on appelle la langue d'une nation.

L'observation prouve qu'il n'est pas un mot qui n'appartienne à une science quelconque, plus ou moins avancée, ou qui n'en soit le commencement. L'on peut toujours les rapporter à la morale, à la politique, aux mathématiques, à la chimie, au commerce, à l'agriculture, à la marine, à la guerre, à la géographie, à un art ou métier, toujours à une branche des connaissances humaines, dont la réunion forme la science de la vérité. Cette science devrait être et sera un jour exprimée par une langue savante et universelle.

En effet, lorsque nous faisons un calcul nous nous servons de noms de nombres qui sont les termes propres de l'arithmétique, et sans lesquels nous ne pourrions pas calculer, parce que rien ne mettrait dans l'esprit, ou sous les yeux, ces nombres si essentiels comme élémens principes ou données de la science, pour éviter l'erreur, pour démontrer la vérité.

Aussi a-t-on assigné des noms à chaque nombre pour supputer et surtout pour calculer. Ces noms sont souvent un peu longs, comme ceux qu'il faut exprimer par une douzaine de chiffres; mais ces nombres sont peu usités, et hors des principaux besoins.

Lorsqu'on veut *botaniser...* et en créant ce mot pour exprimer l'action de raisonner sur la botanique, j'use du même privilége que l'inventeur du mot *calculer* pour exprimer l'action de raisonner sur sel nombres, lorsqu'on veut botaniser, dis-je, c'est-à-dire, raisonner sur les plantes, l'on assigne une dénomination à chacune d'elles et à chacune de leurs parties. Ces dénominations sont à la botanique ce que les chiffres sont au calcul, les notes à la musique, les lettres à l'écriture, les syllabes à une langue, les instrumens à un art. Il en est de même pour toutes les sciences, ou en d'autres termes, pour tout ce qui est l'objet d'un raisonnement, puisqu'une science se résume toujours par son vocabulaire. Cela est trop clair pour nous y arrêter davantage; il suffit de l'avoir remarqué.

Mais tous ces vocabulaires ne sont pas également bien faits, également complets. Dans la sténographie, la plupart des méthodes suppriment les voyelles médiantes pour approcher autant que possible de la célérité requise ; mais ces voyelles étant des élémens de l'écriture, comme de la parole, leur suppression ne peut que nuire à la clarté. Il en est de même des autres sciences où la pénurie et l'impropriété des termes ont empêché ou ralenti leurs progrès.

Le dictionnaire musical est un des moins complets. Il n'y a là aucun nom, aucune articulation pour exprimer la durée des tons. C'est là l'unique cause de la lenteur de l'enseignement et des difficultés sans nombre qu'il faut dévorer pour apprendre. Sept notes seulement ont une dénomination, parmi les milliers qui concourent à l'expression du chant, encore était-il difficile de les plus mal choisir. Voyez plus bas les noms que j'ai donnés à chaque note et vous vous convaincrez que c'est à leur nombre complet, aux signes qui les représentent, à la facilité de les retenir qu'il faut attribuer les avantages qu'elle nous offre et les progrès ultérieurs dont nous lui serons redevables.

La musique n'est qu'une succession de sons qui diffèrent entr'eux par le ton, et d'eux-mêmes par la durée. C'est de leurs combinaisons ou de leurs accords que résultent les sensations mélodieuses et harmonieuses.

Les tons sont au nombre de sept avec autant de semi-tons ou bémols. Un ton ne diffère d'un autre ou d'un semi-ton que par le nombre de ses vibrations. Entre deux tons celui qui en compte davantage s'appelle *ton aigu* et l'autre *ton grave*. Chacun se subdivise , par rapport à la durée , en sept notes appelées *ronde* , *blanche* , *noire* , *croche* , *double-croche* , *triple-croche* , *quadruple-croche* , dont chacune vaut la moitié de celle qui précède , ce qui a fait donner aussi le nom de *valeur* à la durée des notes. Mais comme quand on chante ou qu'on solfie on ne dit pas à quelle valeur les tons appartiennent ; il en résulte que le musicien seul peut les apprécier , les distinguer par son oreille exercée et par conséquent les noter. Si cependant celui qui solfie manquait le ton et la mesure , le musicien notera de même , parce que rien ne l'avertit de ses fautes. C'est ce qui ne sera pas dans la musique sténographique où l'on ne peut que noter juste ; fissiez-vous entendre , en solfiant , un air pour un autre , celui qui notera ne s'y méprendra pas : ce sera toujours l'air que vous désirez faire entendre qu'il notera , soit qu'il connaisse soit qu'il ignore la musique. En voici la démonstration.

GAMME OU CLASSIFICATION DES TONS.

Sol, La, Si, Ut, Ré, Mi, Fa.	Dénomination ancienne.
Bémols : o, a, i, u, é, ou, e.	
Naturels : o, a, i, u, é , ou, e.	Dénomination nouvelle.
Dièses : a, i, u, é , ou, e, o.	

J'ai supprimé les consonnes de tous les tons, et conservé seulement les voyelles des cinq premières. Au *mi* et au *fa* j'ai substitué *ou* et *e*. Ainsi le nom-

bre des tons répond à celui des voyelles et réci-
proquement , de sorte qu'en musique instantanée ,
ton et *voyelle* sont synonimes. Il semble que les
tons et les semi-tons vont être confondus entre
eux, mais comme chaque ton a une durée qui sera
indiquée par une consonne avec laquelle on la
joindra pour faire une syllabe , qui sera une note ,
ce sera cette consonne qui distinguera ce ton d'un
autre ton , comme il est démontré par ce qui suit.

TONS.

	BÉMOLS.	NATURELS.
	pro,	*po.*
	pra,	*pa.*
	pri ,	*pi.*
1re. octave.	*pru* ,	*pu.*
	pré,	*pé.*
	prou ,	*pou.*
	pre ,	*pe.*
	bo ,	*mo.*
	ba ,	*ma.*
2e. ou	*bi*,	*mi.*
double	*bu*,	*mu.*
octave.	*bé* ,	*mé.*
	bou ,	*mo.*
	be ,	*me.*
	mro ,	*bro.*
	mra,	*bra.*
3e. ou	*mri* ,	*bri.*
triple	*mru* ,	*bru.*
octave.	*mré* ,	*bré.*
	mrou ,	*brou.*
	mre ,	*bre.*

Par le tableau ci-dessus on a pu remarquer que les triples croches *ma* et *mi* au ton naturel, s'écrivaient *bi* et *bu*, si elles devaient être dièsées ; or *bi* et *bu* sont des notes bémolisées correspondant aux dièses demandés.

Ces dénominations seules permettent de sténographier la musique sans être musicien.

Puisque le nom d'un ton bémol est le même que celui du ton naturel qui le suit immédiatement dans l'ordre ascendant de la gamme, j'ai dû, pour les distinguer, affecter à leur durée des consonnes différentes, et par cet artifice, je supprime tous les dièses qui ne sont chacun, autre chose, que le bémol du ton suivant. En effet, *ba* qui est le *mo* dièse, est le bémol de *ma* ; *bi* qui est le *ma* dièse, est le bémol de *mi*, ainsi du reste.

Les dièses n'étaient donc qu'un rouage inutile dans la notation, et dès lors un embarras. Ces dièses à la clef n'étaient pas pour la mémoire un obstacle facile à vaincre : les bémols qui les remplacent se retiendront sans peine ; s'ils échappaient à la mémoire, ils n'échapperaient pas à l'œil.

Nous avons dit que chaque ton se subdivisait par rapport à la durée, en sept notes différentes, nommées : *ronde*, *blanche*, etc. Nous remplacerons chacun de ces noms par une consonne. Il est essentiel d'observer que les consonnes ne seront jamais prononcées que comme celles qui figurent sur la première ligne du tableau synoptique, c'est-à-dire, toujours de la même manière. Et comme toutes les articulations et voix ont ici un signe unique et précis, l'on n'hésitera jamais dans la prononciation d'aucun mot, dans quelque langue que ce soit, ni même dans son orthographe, puisque celle-ci ne sera que l'écho de celle-là.

Il a toujours été convenu que la sténographie serait la peinture fidèle de la parole ; et qu'on ne pense pas que ce soit là un inconvénient : car, l'écriture qui manifesterait les équivoques et tous les vices de la prononciation, rendrait un service à la langue, en nous avertissant de ses fautes et en nous invitant à les corriger.

OCTAVE.

TONS	1re	2^e	3^e	
Naturels.	F	V	VL	} Rondes.
Bémols.	FR	vr	FL	
Naturels.	*pl*	*bl*	*ml*	} Blanches.
Bémols.	*ql*	*gl*	*tl*	
Naturels.	*g*	r	*q*	} Noires.
Bémols.	*gr*	R	*qr*	
Naturels.	*t*	*d*	*ç*	} Croches.
Bémols.	*s*	*x*	*é*	
Naturels.	*h*	*n*	*tr*	} Double-croches.
Bémols.	*nr*	*j*	*dr*	
Naturels.	*p*	*m*	*br*	} Triple-croches.
Bémols.	*pr*	*b*	*mr*	
Naturels.	*f*	*v*	*vl*	} Quadruple-croches.
Bémols.	*fr*	*vr*	*fl*	

RAPPORT EXACT DES VALEURS RESPECTIVES DES NOTES.

Ronde.	Blanche.	Noire.	Croche.	d.-Croche.	t.-Croche.	q.-Croche.
v	*bl*	r	*d*	*n*	*m*	*v*
1 vaut 2	4	8	16	32	64	

(11)

1	2	4	8	16	32
	1	2	4	8	16
		1	2	4	8
			1	2	4
				1	2

L'on peut substituer à v, *bl*, ʀ, *d*, *n*, *m*, *v*, toute autre consonne de même valeur.

La consonne *r* placée à la droite d'une voyelle (ton) indique que sa durée doit se prolonger de moitié, elle remplace le point.

La finale *ille* remplace le point d'orgue qui indique un repos plus ou moins long.

Les signes de silence sont des consonnes finales répondant aux diverses durées des notes, lesquels, mis à la place de ces notes, marquent que toute la durée doit être passée en silence : les voici dans l'ordre de ces durées.

f. b. q. s. t. p. v.

Ces consonnes indiquent, comme initiales, la valeur bruyante de la note, et comme finales, sa valeur silencieuse. Les doubles finales, telles que : *bs*, *qs*, ou *x*, *st*, *pt* pourraient indiquer par la prononciation les réunions de la demi-pause et du demi-soupir, du soupir et du demi-soupir, du demi-soupir et du quart de soupir, du huitième et du quart de soupir.

Lorsque la valeur d'une note sera une consonne semblable à la finale de la note précédente, cette finale sera remplacée par *l*. Ainsi où nous aurions à prononcer : *not ti* ; *das sa* ; *dév vé*, etc. nous écrirons et nous prononcerons : *nol ti*; *dal sa* ;

del vé , etc. La finale remplacée est toujours la même que la consonne indiquant la valeur de la note suivante. Cette règle , dont le motif est évident, est sans exception.

Le signe de cadence ou roulade , se marque par ce trait -- sur la note.

Lorsque plusieurs notes sont pincées à la fois pour faire accord , l'on ne mettra la consonne qu'à la première , puisque la valeur des autres est la même.

Les consonnes *gn* , qui a la forme du 9, *y* et *l* remplacent les croches , doubles et triples-croches qui sont notes d'agrément.

Les *rn* , *rp* , *fn* , indiqueront les renvois , les reprises et la fin.

Les tons nasals *on* , *an* , *in* , *un* , *én* , *oun* , *en* , marquent chacun le commencement ou la note initiale de la mesure.

Ces trois signes ⌣ ⌢ -- placés à la suite de la note , indiquent : le premier , que les notes suivantes appartiennent aux trois octaves supérieures ; le second , aux trois octaves inférieures ; et le troisième , aux trois octaves moyennes: de sorte que la musique instantanée renferme neuf octaves ; mais le premier signe placé sur des notes , indique qu'elles sont coulées ; le second, qu'elles sont piquées.

Pour marquer les temps de la mesure , le ton qu'on doit jouer et le mouvement qu'on doit suivre, je dois montrer auparavant par quelles con-

(13)

sonnes ou voyelles j'ai remplacé les dix chiffres arabes. Voici leurs correspondans :

lig.	1	2	3	4	5	6	7	8	9	0	
1re	n	d	m	f	s	J	c	9	r	l	chiffres conso.
2e	qr	dr	br	fr	bl	pl	ql	gl	gr	pr	
3e	q	t	b	v	z	h	ç	y	g	p	
4e	qr	tr	br	vr	dr	fr	vl	fl	gr	pr	
5e	o	a	i	u	é	ou	e	eo	oi	eui	chiff. voyelles.
6e	oï	aï	ié	uï	éi	ouí	ea	ia	ué	ua	
7e	óé	âe	io	iu	ëu	ouï	iaou	uo	ioou	oa	
8e	oou	aou	iou	uou	éou	ouo	eou	uaou	ëu	ao	

Les diphtongues peuvent être substituées soit aux chiffres , soit aux tons correspondans. De plus elles peuvent se terminer par les sept finales f, b, q, s, t, p, v, qui correspondent aux sept valeurs ; mais qui, comme finales, n'ont rapport à aucun chiffre. Chaque consonne ou double-consonne ci-dessus, représente également le chiffre ou le ton correspondant, selon le besoin.

S'il s'agit de marquer la mesure, on la représentera toujours par les diphtongues suivantes qui sont prises dans la sixième ligne, et qu'on placera à la tête du morceau ou entre deux ( ) dans le courant du morceau, si la mesure vient à changer.

MESURES.

1re	2e	3e	4e	5e	6e	7e	8e	9e
G	2	$\frac{2}{4}$	C	3	$\frac{3}{4}$	$\frac{12}{8}$	$\frac{6}{8}$	$\frac{3}{8}$
oï	aï	ié	uï	éi	oui	ea	ia	ué

DE LA TONIQUE.

L'on met à la clef un certain nombre de dièses ou de bémols pour marquer le ton ou autrement dit, la tonique. Mais en musique instantanée ce sera encore une note syllabée qui le désignera.

TONIQUES.

Nombre de dièses ou bémols à la clef.

	0	1	2	3	4	5	6	7
ton majeur.	ut	sol	ré	la	mi	si	fa	ut
relatives.	la	mi*	si	fa*	ut	sol	fa	la
ton mineur.		fa	si	mi	la	ré	sol	ut
relatives.		ré	sol	ut	fa*	si	mi*	la

dièsées (6-7 ton majeur) — *dièsées.* et *bémolisées.* (relatives) — *bémolisées.* (ton mineur et relatives). — Rondes.

Notes qui les remplacent.

	0	1	2	3	4	5	6	7
ton majeur.	vu	vo	vé	va	vou	vi	flo	vré.
relatives.	va	fou	vi	vro	vré	vra	vrou	vri.
ton mineur.		ve	vri	vrou	vra	vré	vro	vru.
relatives.		vé	vo	vu	fe	vri	frou	vra.

Remplaçons ces derniers tons par ces diphtongues.

	0	1	2	3	4	5	6	7
ton majeur.	viu	vôé	vé	vâé	vouü	vio	flôé	vré.
relatives.	vaou	fouo	viou	vroou	vréou	vraou	vrouo	vriou.
ton mineur.		vouü	vrio	vrouü	vrâé	vré	vrôé	vriu.
relatives.		véou	voou	vaü	feou	vriou	frouo	vraou.

Faudra-t-il marquer la tonique ? Nous choisirons dans les premières notes de l'air , celle dont la durée est la plus longue et qui n'est suivie d'aucune finale, par exemple une croche, s'il n'y a ni ronde, ni blanche, ni noire. Nous substituerons au ton de cette note, la diphtongue ci-dessus qui doit marquer la tonique. Nous ajouterons à cette diphtongue la finale indicative de la valeur du ton qu'elle remplace ; et ce ton, nous le remplacerons par celle des sept consonnes chiffres *n*, *d*, *m*, *f*, *s*, *j*, *c*, qui le représente, s'il est majeur ; car s'il était mineur, la consonne s'emprunterait à la troisième ligne *q*, *t*, *b*, *v*, etc.

Donc pour marquer la tonique il faut prendre la diphtongue qui la désigne, et la faire précéder et suivre par la consonne et la finale qui représenteront le ton et la valeur d'une note ; il est bien entendu que cette note remplacée doit être prise dans l'air dont on veut marquer la tonique.

DU MOUVEMENT.

Après la tonique vient le mouvement qui sera désigné par la diphtongue qui lui correspond ci-dessous entre deux parenthèses.

Largo (oï). *Largheto* (aï). *Adagio* (ié). *Gravement* (uï). *Affectuoso* (éï). *Amoroso* (ouï). *Andante* (ea). *Andantino* (ia). *Modérato* (ué). *Gracioso* (uä). *Allégro* (öé). *Allégreto* (äé). *Vivace* (io). *Presto* (iu). *Prestissimo* (ëu). *Cantabile* (ouu). *Dolce* (iaou). *Piano* (uö). *Pianissimo* (ioou). *Mezzo-forte* (öa). *Mezzo-voce* (oou). *Forte* (aou). *Fortissimo* (iou). *Sotte-volce* (uou). *Rinforzando* (éou). *Sosteneto* (ouo). *Smorzando* (eou). *Solo* (uaou).

Pour indiquer le mouvement d'un air il faut employer la diphtongue qui la désigne, et la faire précéder et suivre par la consonne et la finale qui représentent le ton et la valeur d'une note.

EXEMPLE :

Je veux désigner le mouvement *andantino* et par la note *blu* ; je substitue *ia*, qui indique ce mouvement au ton *u* ; je remplace ce ton *u* par la double consonne *fr* qui lui correspond (v. p. 13) et dont je la fais précéder, et j'ai *fria* à laquelle ajoutant la finale *b*, pour remplacer la valeur *bl*, j'ai *friab* à la place de *blu*, qui ne me marquait pas le mouvement.

DE LA TRANSPOSITION.

Pour transposer un air sur un ton plus haut ou plus bas, il faut considérer les sept tons, comme l'échelle numérique qui se bornerait à sept unités au lieu d'être poussée jusqu'à dix. Dès lors vous pourrez faire telle transposition que vous désirerez, par une simple addition ou soustraction. Si l'expérience prouve que ce moyen nouveau n'est pas plus facile que le moyen ancien, rien n'empêchera de s'en tenir à ce dernier.

Voilà tout l'exposé de ce nouveau système qui doit paraître aussi compliqué au premier coup d'œil, qu'il est simple dans son application. Mais comme le signalement d'une personne, quelque détaillé qu'il soit, n'en donne pas une idée aussi claire que son portrait, je vais, suivant le conseil qui m'a été donné par quelques membres

de la Société des sciences , présenter les principes de la musique, en deux tableaux, sur lesquels
je dois faire quelques brèves observations.

Explication des tableaux synoptiques de la musique sténographique.

Le premier offre d'abord tous les élémens de la
musique : valeurs, tons et repos , répétés dans
trois octaves différentes.

Dans le nouveau système les valeurs des tons
tant naturels que bémols de chaque octave se distinguent par les consonnes correspondantes.

Les tons sont distingués par les voyelles. Ils se
répètent à chaque octave , avec un nombre double de vibrations.

Les consonnes de la dernière ligne distinguent
les repos, et autres signes qui leur correspondent.

Vient ensuite le tableau comparatif des principes précédens. C'est l'application du tableau qui
le précède, ou de la manière de syllaber les notes.

Cette manière de noter me paraît infiniment
préférable à l'autre , en ce qu'il n'est pas néces-
saire d'apprendre de nouveaux signes, et qu'on
se fortifie dans ceux qu'on sait déjà , et dont l'importance est reconnue ; du reste ils sont plus faci-
les à distinguer. N'est-il pas plus aisé, pour exprimer un ton , de faire une voyelle que de placer
sur telle ligne ou tel espace un pâté suivi d'une
queue? Pour marquer la valeur, ne vaut-il pas
autant écrire une consonne que de tirer deux ou
trois lignes à cette queue ? Et une consonne n'est-

elle pas aussitôt faite qu'un signe de silence ?
Voilà pourtant à quoi se réduisent tous les principes.

Mais, dira-t-on, l'on voit quelque fois des finales
qui rendent bien dure la prononciation. Oui, surtout le *q* et le *t* qui indiquent le soupir et le quart de
soupir ; mais il est encore moins dur et moins
long de prononcer *soq* et *sot* que de prononcer *sol
soupir* et *sol quart de soupir*. Et si l'on m'objecte
que les signes de silence ne se prononcent pas, je
réponds : qui nous empêche d'imiter en ce point
l'ancien système ? Au reste je ne vois pas qu'en
prononçant *don* ou *dor*, quand il s'agit d'exprimer que la note commence la mesure ou qu'elle
est augmentée de la moitié de sa valeur, la prononciation soit plus dure. Or, la finale *r* en pro-
longeant le ton de la moitié de sa durée, fait pré-
cisément l'office du point.

On va croire peut-être que je surcharge la mémoire en introduisant dans la musique autant de
syllabes qu'il y a de notes. Mais un moment d'observation démontrera que la mémoire a moins de
frais à faire dans mon système.

En effet, je n'ai à retenir de chaque nouvelle
note que le ton, la valeur et le repos. Or, il n'y
a que sept voyelles pour les tons, trente-six consonnes simples ou doubles pour les valeurs des
tons, tant naturels que bémols, et onze consonnes
pour les repos, point, point d'orgue, roulade et
mesure, total cinquante-quatre.

(19.)

Il m'en faut bien retenir autant dans l'ancien
système, et les dièses en sus ; car le nom des
sept tons n'est pas tout, il faut se rappeler encore à quelle octave ils appartiennent, quelle
est leur valeur et celle des repos qui les suivent.
Jusque là il n'y a donc pas inégalité d'avantages
pour la mémoire ; mais de la combinaison de ces
54 lettres ou élémens, résulte un nombre de
noms égal au nombre des notes, avec cette dif-
férence que dans mon système chaque syllabe
représente une note nommée, tandis que dans
l'ancien, sept notes seulement portent un nom,
les autres ne pouvant s'énoncer que par des périphrases. Ainsi les deux premières notes syllabiques *jo*, *zon* de la varsovienne se traduisent,
dans l'ancien système, par ces deux périphrases :
sol bémol, double-croche de la seconde octave,
sol bémol pointé, croche de la seconde octave.

Or, les notes de ce système sont toutes expri-
mées par de semblables longueurs (et il faut bien
les désigner par quelque chose, pour pouvoir en
raisonner) ce n'est donc pas étonnant qu'on ne les
nomme pas en solfiant ; elles rendraient la mesure impossible.

D'après ce que je viens de dire on peut facile-
ment conclure qu'on peut trouver tout de suite le
nom syllabique d'une note quelconque, sans
même l'avoir vu écrit.

EXEMPLE :

Demande. Comment nommerons-nous le *ré*

2.

diése triple croche de la seconde octave suivi d'un demi-soupir? *Réponse.* Nous la nommerons *bous*. En effet, les triples-croches de la seconde octave se désignent par *m* au ton naturel et par *b*, si le ton n'est pas naturel. A cette valeur *b* j'ajouterais bien la voyelle *é* pour le ton *ré*, mais le *ré dièse* est le bémol du ton suivant que nous appelons *ou*; nous aurons donc *bou*, et *bous* si nous y ajoutons *s*, pour désigner le demi-soupir. Il faut faire le même raisonnement pour la fonction de toutes les notes, et après quelque peu d'exercice, on se familiarisera tellement avec cette manière, que l'esprit n'aura plus aucun effort à faire pour solfier rapidement. Ceci s'adresse aux musiciens, car ceux qui ne le sont pas n'auraient à faire aucune traduction.

Pour compléter mon travail, je crois devoir entrer dans quelques détails sur les signes sténographiques destinés à remplacer les notes et les lettres. De cette manière j'aurai gratifié la musique de l'immense avantage dont jouit déjà le discours, celui d'être énoncé par l'écriture aussi vite que par la parole.

Explication du deuxième tableau.

A la seule inspection des signes, on découvre entr'eux les rapports et les différences caractéristiques qui constituent leur individualité.

Ces rapports et ces différences se réduisent à quelques élémens que je vais rapidement analyser pour la démonstration complète de la sténographie. Ces élémens sont : *direction*, *position*, *forme*, *longueur*, *épaisseur*, *finalité*.

DIRECTION.

Par rapport à la verticale ou ligne d'appui, tous les signes n'ont que quatre directions, ainsi nommées : (voyez le cercle) ; (*s*) ou oblique à droite comme l'accent aigu ; (*gn*) ou parallèle à la verticale ; (*t*) ou oblique à gauche comme l'accent grave ; et (*m*) ou horizontale,

POSITIONS.

Chaque direction comprend six ou sept signes qui sont autant de consonnes (voir la 1re ligne) distinguées entr'elles par leurs positions échelonnées sur la ligne.

FORMES.

Les signes sont des lignes droites ou des quarts de cercle (Voir le cercle). Parmi ces derniers, les uns tournent leurs pointes vers l'arc pointé du cercle, c'est la forme *ou*; les autres les tournent en sens contraire, c'est la forme *u*. La forme *a* est droite.

LONGUEUR.

Les formes ont différentes longueurs qui sont dans les proportions de 4, 2, 1, chacune desquelles désigne la voyelle correspondante. (Voir la ligne des voyelles.) Les brèves seulement sont usitées, les longues ne sont utiles que dans la prosodie,

UNION DES VOYELLES AUX CONSONNES INITIALES.

L'on opère cette union en donnant aux voyelles la direction et la position des consonnes. (Voir toutes les lignes du tableau.) Ou, ce qui revient au même, l'on donne aux consonnes, tout en conservant leur direction et leur position, la forme des voyelles. Pour donner à ces dernières la direction horizontale, il faut décliner leur tête du côté gauche en les faisant pirouetter sur leur base ; car inclinés du côté droit *u* et *i* deviendraient *ou* et *o.*

EPAISSEUR.

Tous les signes ou syllabes formés du plein de la plume, commencent par la double consonne placée à leur tête.

DES FINALES. (Voir le bas du tableau.)

Toute syllabe peut être terminée par une ou deux consonnes, ainsi qu'on le voit au bas du tableau. Ces consonnes, qui prennent alors le nom de finales, s'indiqueront par certains traits placés à une extrémité de la syllabe.

Les finales *v*, *g*, *z*, *d*, *j*, *ç*, *y*, *gl*, *vr*, *dr*, se forment en allongeant du double le trait final de *f*, *q*, *s*, *t*, *h*, *c*, *9*, *ql*, *f*, *tr*, et en faisant la boucle du *b* final plus petite pour exprimer le *p*.

Pour les voyelles finales autrement dites diphtongues, on les ajoute aux premières sans lever la plume. Il y a peu d'exceptions dans cette règle, ainsi qu'on le voit.

Pour unir tous ces nouveaux signes à une consonne quelconque, on n'a qu'à leur en donner la
position, comme il a été dit pour les voyelles
simples.

Quant à l'application de ces signes à la musique,
il suffit de leur faire représenter les notes syllabiques. (Voir la notation sténographique de la varsovienne.) Et si aux syllabes avec lesquelles vous
avez solfié cet air ou tel autre que vous savez par
cœur, vous conservez le même ton et la même
valeur, dans d'autres airs où vous les reverrez, il
est impossible que vous ne reproduisiez pas ces
autres airs, s'ils ne sont composés que des notes
que vous connaissez déjà. Or, il serait aussi ex-
traordinaire de ne pas trouver tous les tons et toutes les valeurs de la gamme, dans le petit nombre d'airs que la routine vous a appris, que de
rencontrer un discours où ne se trouveraient pas
toutes les consonnes et toutes les voyelles.

Les personnes qui m'auront mal compris ou
mal interprété diront, peut-être, que l'on pourra
donner aux notes syllabiques un air qu'on sait déjà,
puisqu'il n'en est pas une que l'on ne puisse prononcer sur tous les tons et sur toutes les valeurs;
mais qu'il n'en sera plus de même pour les airs
inconnus. Je ne puis répondre à ces personnes
qu'en les priant de me faire traduire ces airs inconnus en notes syllabiques, et je les leur tra-
duirai en notes ordinaires. Or, cette traduction
ne pourrait s'opérer, si les notes syllabiques n'é-

taient l'expression fidèle des notes ordinaires.

Que l'on ne s'imagine pas qu'il faille bien du temps pour parvenir à lire les signes sténographiques. Ce qui embarrasse dans la lecture, c'est de discerner les lettres qui appartiennent à telle ou telle syllabe. Par exemple le mot *agnelet* offre les syllabes suivantes : *a gne let, ag ne let, a gnel et, ag nel et.*

Les sept lettres de ce mot diversement syllabé sont les mêmes, mais leur prononciation varie suivant les modifications qu'on a fait subir à leur arrangement. Laquelle faut-il suivre ? Il n'y a que le grand usage qui puisse nous le dire ; tandis qu'en sténographie chacune de ces modifications s'écrit et se prononce différemment, chaque signe renfermant en soi toutes les lettres qui le constituent, sans que l'on puisse confondre la première et la dernière avec la syllabe d'un autre mot. Les progrès de la lecture par la musique seront d'autant plus rapides pour les enfans, qu'ils auront pour stimulant l'attrait puissant de l'harmonie : celui de la lecture ne s'adressant qu'à la réflexion, ne peut être un attrait pour cet âge.

Mais l'expérience, cette pierre de touche de tous les systèmes, vient-elle à l'appui de mes raisonnemens et peut-on montrer par des faits que les syllabes sténographiques soient plutôt apprises que les syllabes littérales ? Oui sans doute, et je suis heureux d'avoir des faits à présenter.

Les demoiselles E***, de Marseille, A. et P.,

des parens desquelles j'étais connu , eurent la curiosité de connaître par quels signes magiques je reproduisais leurs discours. Peu d'explications me suffirent pour leur en faire concevoir le mécanisme. Peu après mademoiselle P. prit le voile et le nom de sœur de S. Dans sa retraite ; en écrivant sa vie entière , elle acquit assez d'habitude pour être capable de suivre la parole. Et sa sœur A, qui n'avait pas cultivé cet art , put encore lire , après sa mort , les mémoires qu'elle avait laissés.

Madame Fabre , née Blakmann , de Dunkerque , se trouvait le printemps dernier à Toulon, où elle attendait la mort avec résignation. Sa santé était dans un tel état de délabrement qu'elle ne croyait pas pouvoir traverser la saison de l'été , et les médecins partageaient son opinion. Dans l'attente de la catastrophe qui la menaçait , elle ne trouvait de consolation que dans l'étude , et une demi-heure lui suffit pour concevoir la musique sténographique. Elle mourut le 14 juillet.

Mais pour ne pas évoquer des ombres, je me citerai moi-même comme preuve vivante.

Je suivais déjà la parole , lorsque je m'aperçus de la nécessité d'une réforme dans une partie des signes. Je ne balançai pas à prendre mon parti , mais il me fallut changer d'habitude. Après cette réforme , j'en fis successivement plusieurs autres qui étaient tout autant de progrès pour la sténographie , mais qui étaient aussi tout autant de pas rétrogrades pour moi , sténographe. Je résolus alors de mettre de côté mon ancienne pratique qui ne pouvait que nuire à la pratique nouvelle, et de me livrer exclusivement à la théorie, tant que durerait son perfectionnement.

Plus tard je m'avisai de supprimer la ligne, et je ne me dissimulai pas la nouvelle difficulté que cette suppression allait faire surgir pour le lecteur ; car le *t* pouvait aisément être confondu avec le *d*, le *p* avec le *b*, le *q* avec le *g*, etc. Toutefois je l'essayai et je parvins à lire couramment après peu de temps d'exercice. Il faut convenir que cette méthode développe singulièrement les facultés intellectuelles.

Plus tard encore je me dis que, si l'on pouvait lire les mots qui ne seraient représentés que par leur première syllabe, l'on pourrait parvenir à suivre la pensée ; je l'essayai et j'en vins à bout.

Pour arriver à ce point, faut-il être doué d'un génie transcendant ? Il suffit d'avoir des facultés ordinaires. Le génie s'acquiert par l'étude ; il ne peut être un don, ni un héritage.

Je crois avoir ouvert le chemin de la science, j'en ai montré le but, et je m'y suis élancé le premier. Qui me suivra dans cette voie glorieuse ? Ceux d'entre les musiciens qui sont peu accoutumés à la réflexion, vont se croire perdus, comme les médecins, lors de l'introduction de la vaccine. Loin de me suivre, ils chercheront à me critiquer, sans me connaître. Je m'y attends : les sciences ne se propagent pas comme les impôts indirects.

En 1819 je consignai ma première idée sur la musique, dans ma sténographie imprimée à Paris et déposée dans les bibliothèques nationales. A-t-on développé cette idée ? s'en est-on occupé ? pas que je sache. Les musiciens marcheront donc long-temps encore dans les cinq ornières ouvertes devant eux, depuis la plus haute antiquité. Je leur offre cependant une belle mission ; et ils seront bien dupes s'ils la laissent échapper. Pour moi, je me consolerai par l'idée d'avoir facilité l'étude d'un art dont l'importance sociale n'est pas suffisamment appréciée, d'avoir indiqué la manière de fixer et de transmettre les inspirations instantanées des virtuoses, d'avoir donné une langue aux instrumens de musique, et fourni à ceux que la providence a frappés de cécité physique, un moyen prompt et facile de saisir par le tact seul, toute une phrase musicale ou littéraire.

AIRS NOTÉS PAR DES SYLLABES.

(Nous avons deux sortes de *r* : l'un dental, qui sonne dans *are*, l'autre nasal, qui sonne dans *erre*. Ils indiquent la valeur du ton *è* de la seconde octave ; mais le premier du ton naturel ; le second du ton bémol. Il faudra les écrire différemment, dans la notation, pour ne pas les confondre.

Dans la quatrième ligne (page 13) qui commence par *qr tr* tous les *r* sont guturaux ; ceux des trois lignes précédentes sont dentaux. En sténographie les doubles consonnes qui ont un *r* dental, se forment du plein graduel de la plume.)

Air : Ah vous dirai-je maman !

(*aï**) ro ro.   rèn rè rou rou (blèn sôéb) ru ru rin ri ra ra   (blon qreab) fn rè rè   run ru ri ri   rin ra rè rè   run ru ri ri   rin ra.

Air : La douce clarté de l'aurore.

(*ia*) (dou haous)   doun dè du dè du di   (ran dreaq) da di di za   ran di du dè dou   rirq don   doun dè du dè du di   ran da ri di   dun dè dou dè you yè du di   rus Rn di du di   rar dè dou dè   run du di du di   rar dè dou dè   rur dou du di   ran da ra ço   ran da dè du dè   roun da da di za   rar Rn.

(*) La première parenthèse d'un air indique toujours la mesure ; la seconde, le ton de l'air ; et la troisième, le mouvement. L'on ne prononce qu'une des deux syllabes.

Air : *La pastorale de Nina.*

(*ia*) rir di du di.   rar da di da   ron do ri dè   rán da yi da do (da doës)   rir di du (di meas)   rar da dan di   do zo tou zor rer   fn gèr tè   tou zo   ror do da di   rar da di du   din dé di   do di do   ger tè tou zo   ror do da di   dan di   du di da do   rèr de zè du Rn.

Air : *La Marseillaise.*

(*aï*) tè tè   tè ron ro ra ra   rèr di   don do do   do   goun (blu foèb)   da zo bloq do da   rin ri ri du   di   din da raq da di   run ru ru dè du   blinq dè   dè rèn   di do rè di do   plèns gè gè gè   blan ru da   zo ron ro ple   goun tou tou ro zo do   rax da rir   zi da zi du zi   blanq zi da ron   ro ro da do   don   zo rox dè   blèn dè dè di do   blars dè   blèn dè dè   di do blaq Rn gè   blor do   vi   (blun treab)   rè   rou   blars dou   blèn dè di du da blou Rn.

Air : *Le réveil du peuple.*

(*uī*) do du dè   roun rou rè dou dé   (blun   )   ro du di   ran di du rè dou dé   blèns do du dé   roun   rou rè rè   (blun frôèb) do du dou de   rèn ro rar di   blos do di du   rèn dou du ri ru   rèr di do da do te   goun ro ru rou   blèns dè dou de   qor de dou dè du   di   ran ras di du dè   rou qo rè dou bluly.

Air : *De la romance de Joseph.*

(*ié*) nu   doun nou nè   nè nu nu ni   dir na (da dius)   nè nè   dur nu (di breas) ni ni   rus no nu   dour nè   nè nu nu ni   dir na na nè mè mè nè   dur nu dir ni   rus na na   dir nè zè nè nou   dir nou dè nè nè   dun   nè nè dur nu   rèrly no ro   dun dè dou nè nè   run dus   jè dèr nè nu nu ni ni   rèr no no   dun dè dou nè nè   run dut jé   dér né nu nu ni ni   run.

Air : *Aux montagnes de la Savoie.*

(*ië*) no na ji nn   dên nè nè (de   ) dè   den
ço (dè blàès) dè   dèr nè jou nè nu ji   zin da no na
zi dn   dén dè dè dè   dèn de dou nou   nou den dou
dé   zèn rè dè nè nè   zin dè da dè   ɡun* zi da no na
ji nu   rèn dè jou nè   dun nè nu zi nu ji   dan ji na
do ji na   don ço dè dè rir da   don ço dè dè rir da
ron.

Air : *Vous qui d'amoureuse aventure.*

(*ia*) do   don dou du di (da dius) di   dun dou
du (ro qreaq) do   dan do te de dou dé   rur ri do
don dou du di da di   dun dou du ro dè   dèn du di
da do   zon rorq do   rèr dè di do   rour dou du do
den dè di du do tou   gour gè do   rèr ré di do   rour
dou ru do   den dè di du do   tou ɡo ɡè Rn du rè di
run du ré dou   den dou dè ra da   ren dou dè du dè
run Rn.

Air : *Rien n'était si joli qu'Adèle.*

(*aï*) (ro niuq) do do   ran ru (ri bröèq) rè
run ru do do do do   ran da du ri di dè   blun ru dè
dou   ren re re ron   rèn du dè blou   ran di du blè
blon   do da di du   dan di du dè di du dè dou
run ru do da di du   dan di du dè di du dè dou
blun.

(*) Le ɡ représente la consonne *gn*.

Tableau des signes de la musique Sténographique

TABLEAU Comparatif du nouveau système avec l'ancien

LA VARSOVIENNE. Cantate.

Tableau Synoptique de la Sténographie verticale appliquée à la Musique.

Signes et Noms des Consonnes Sténographiques et des valeurs des tons.